AF303396

LA BATAILLE DE GETTYSBURG

La victoire de l'Union,
tournant de la guerre de Sécession

Par Michaël Antoine
Sous la direction de Thomas Jacquemin

50MINUTES.fr

LA BATAILLE DE GETTYSBURG

INTRODUCTION

La bataille de Gettysburg oppose les troupes de l'Union aux troupes confédérées lors de la guerre de Sécession ou guerre civile américaine. Remporté par les troupes nordistes, ce combat terrestre est souvent considéré comme l'un des tournants de la guerre et l'un des plus sanglants du conflit. D'un côté comme de l'autre, les pertes sont particulièrement élevées.

La nation américaine, encore toute récente, connaît une profonde crise dans les années 1860 qui voit s'opposer de nombreux États au sujet de l'esclavage : alors que les États situés au nord souhaitent l'abolir, ceux du sud s'y opposent farouchement, craignant pour leur économie qui repose sur une société agraire où l'exploitation des esclaves est primordiale. De cette querelle naissent deux clans : l'Union qui comprend les États du nord et la Confédération qui est composée des 11 États qui ont décidé de faire sécession.

Du début de la guerre jusqu'à la moitié de l'année 1863, les armées du général confédéré Robert Edward Lee dominent les troupes unionistes, sans pour autant remporter de bataille décisive. Cherchant à porter un coup fatal à l'adversaire, il fait avancer ses armées en territoire unioniste. Les troupes nordistes, décidées à les empêcher de menacer Washington, rencontrent fortuitement le 1er juillet 1863 l'armée confédérée à Gettysburg. S'ensuivent trois jours de bataille au cours desquels les troupes sudistes essaient vainement de percer les défenses des armées nordistes, qui tiennent difficilement. Le 3 juillet 1863, se rendant compte que les combats sont vains et particulièrement sanglants, le général Robert Edward Lee se résout à retraiter, acceptant donc la défaite.

DONNÉES-CLÉS

- **Quand ?** Du 1er au 3 juillet 1863
- **Où ?** Au sud de Gettysburg (État de Pennsylvanie, États-Unis)
- Contexte ? La guerre de Sécession ou guerre civile américaine (1861-1865)
- **Belligérants ?** L'Union (nord des États-Unis actuels) contre les États confédérés du sud des États-Unis actuels
- **Acteurs principaux ?**
  - Robert Edward Lee, général commandant en chef des troupes confédérées (1807-1870)
  - George Edward Pickett, général confédéré (1825-1875)
  - George Gordon Meade, général commandant en chef de l'armée du Potomac de l'Union (1815-1872)
- **Issue ?** Victoire de l'Union
- **Victimes ?**
  - Camp unioniste : environ 3 000 morts, 15 000 blessés et 5 000 capturés
  - Camp confédéré : environ 5 000 morts, 13 000 blessés et 6 000 capturés

CONTEXTE POLITIQUE ET SOCIAL

L'ABOLITION DE L'ESCLAVAGE ET LA SÉCESSION

La guerre de Sécession voit les États-Unis se diviser autour de la question de l'esclavage. Dès les années 1850, le fossé qui sépare les États nordistes, abolitionnistes, des États sudistes, esclavagistes, devient insurmontable. Alors qu'au nord du pays, l'abolition de l'esclavage est considérée comme nécessaire pour un pays qui prône l'égalité et la liberté, au sud, les États sont foncièrement opposés à cette idée car leur économie agraire en dépend. La main d'œuvre leur est absolument nécessaire pour la culture du coton.

Les tensions entre nord et sud atteignent leur paroxysme en 1860 lorsque le candidat républicain Abraham Lincoln (1809-1865) devient le 16e président des États-Unis. Durant la campagne électorale, pas un seul État du sud ne lui a apporté son soutien car celui-ci se montre profondément opposé à l'esclavagisme. Refusant de se laisser diriger par un homme dont les convictions sont contraires aux leurs, ceux-ci décident de faire sécession, emboîtant le pas à la Caroline du Sud, qui est la première à le faire. Dès le 4 février 1861, les États confédérés d'Amérique sont créés et dirigés par un président provisoire, Jefferson Davis (1808-1889), qui s'installe dans la nouvelle capitale, Richmond.

De son côté, Abraham Lincoln refuse la séparation que lui imposent les États du sud et songe à employer la force pour les ramener au sein de l'Union. Les deux camps doivent donc se préparer à la guerre qui semble inévitable. Les enjeux sont toutefois différents pour les deux entités qui s'affronteront :

- le sud sécessionniste ne cherche pas à conquérir le nord, mais veut uniquement préserver son type de société et d'économie. De ce fait, la stratégie mise en place consiste à épuiser les nordistes jusqu'à ce que la paix soit proclamée ;
- le nord abolitionniste souhaite quant à lui prouver qu'il détient la vérité et que l'esclavage est contraire aux valeurs défendues par

les États-Unis. Pour ce faire, l'anéantissement de la Confédération doit être total.

RAPPORT DE FORCE

De part et d'autre, on pense que la guerre sera de courte durée. Chacun a ses atouts pour faire pencher la balance de son côté. Les sudistes sont en infériorité numérique – les États sécessionnistes ne comptant que 5 450 000 habitants – et sont faiblement industrialisés, mais ils disposent d'excellents soldats et officiers. En outre, les Confédérés, perçus comme une nouvelle nationalité en Europe, suscitent la sympathie à une époque où le nationalisme atteint son apogée. Enfin, la Confédération a comme dernier avantage la cohésion de son territoire, ce qui lui permet de ne pas disperser ses forces.

Les unionistes sont supérieurs en nombre – 18 950 000 personnes vivent au sein de l'Union –, disposent d'excellentes industries, d'un chemin de fer développé et d'une économie forte. Ces nombreux avantages empêchent d'ailleurs les Européens d'intervenir en faveur des sudistes. Cependant, Abraham Lincoln et son gouvernement éprouvent beaucoup de difficultés à mobiliser les hommes et les ressources nécessaires pour un conflit qui paraît lointain aux yeux de beaucoup. Enfin, désavantage certain, l'Union ne dispose pas de troupes aussi qualifiées que son adversaire.

LES DÉBUTS DE LA GUERRE

La guerre de Sécession débute le 12 avril 1861. Rapidement, les troupes de l'Union ferment les frontières des États sécessionnistes et mettent en place un blocus naval pour asphyxier l'économie de l'ennemi. Mais le commandant en chef des Confédérés, Robert Edward Lee, qui est un excellent tacticien, parvient à tenir en échec les troupes du nord. Pourtant, chaque succès confédéré est acquis au prix de nombreuses pertes humaines. Robert Edward Lee est donc conscient que les Confédérés doivent obtenir rapidement une victoire éclatante pour améliorer la situation dans les États du sud.

ACTEURS PRINCIPAUX

ROBERT EDWARD LEE, GÉNÉRAL COMMANDANT EN CHEF DES TROUPES CONFÉDÉRÉES

| Portrait de Robert Edward Lee par Julian Vannerson

Né à Stratford Hall Plantation (Virginie) en 1807, Robert Edward Lee est un général américain qui commande l'armée sudiste lors de la guerre de Sécession. Diplômé de l'Académie militaire de West Point en tant qu'officier du Génie, il s'engage dans l'armée américaine et participe à la guerre contre le Mexique (1846-1848) où il se distingue déjà par ses qualités d'officier.

Provenant d'une famille aisée et père de sept enfants, Robert Edward Lee voudrait que l'esclavage soit aboli. Alors qu'il est promu au grade de général dans l'armée fédérale et bien qu'il soit opposé à la sécession, qu'il considère comme une trahison envers son pays, il refuse de prendre les armes contre son État (la Virginie) qui vient tout juste de rejoindre le camp des Confédérés. Tout en affranchissant ses propres esclaves en 1861, Robert Edward Lee s'engage alors dans le camp sudiste et est nommé commandant de l'armée de Virginie du Nord avant de devenir conseiller militaire du président Jefferson Davis. Se distinguant par ses qualités tactiques, il est promu général en chef des armées des États confédérés en 1865. Malgré ses nombreux succès, il ne peut cependant empêcher la défaite de son camp : il se voit donc contraint de signer la capitulation à Appomattox en Virginie le 9 avril 1865.

Robert Edward Lee est toutefois heureux que la guerre s'achève et que l'esclavage soit aboli. Après avoir prêté serment de fidélité aux États-Unis, l'ancien général devient à partir d'octobre 1865 président du Washington College à Lexington. Il s'éteint en 1870, emporté par une pneumonie.

GEORGE EDWARD PICKETT, GÉNÉRAL CONFÉDÉRÉ

| Portrait de George Edward Pickett

Né à Richmond (Virginie) en 1825, George Edward Pickett est un général américain fidèle à la cause sudiste lors de la guerre de Sécession.

Diplômé de West Point en 1846, il débute sa carrière militaire lors de la guerre qui oppose les États-Unis au Mexique. Ayant obtenu ses galons de capitaine, George Edward Pickett poursuit sa carrière au sein de diverses unités. Comme le général Robert Edward Lee, il est opposé à l'esclavage. Mais, à l'instar de son commandant en chef, lorsque l'État de Virginie fait sécession, il s'engage au sein de l'armée confédérée. Obtenant tour à tour les grades de major puis de colonel, il participe à plusieurs combats et se distingue par son habileté tactique. En septembre 1862, il reçoit le commandement d'une division appartenant au corps d'armée de son ami le général James Longstreet (1821-1904).

Lors de la bataille de Gettysburg, George Edward Pickett et sa division s'engagent le 3 juillet dans une terrible et sanglante charge. En effet, sur les 15 000 hommes que compte sa division, les trois quarts sont tués ou blessés, parmi lesquels trois généraux de brigade et 13 colonels. George Edward Pickett se montrant totalement désespéré, c'est le général Robert Edward Lee qui prendra la responsabilité de ce désastre. Par la suite, il participe à la défense de la capitale confédérée, Richmond, et au siège de Petersburg. Prenant finalement part à la bataille d'Appomattox, il est défait comme le reste de l'armée sudiste et s'enfuit au Canada où il reste jusqu'en 1866. Revenu à Norfolk où il tente d'être réhabilité, George Edward Pickett meurt le 30 juillet 1875.

GEORGE GORDON MEADE, GÉNÉRAL COMMANDANT EN CHEF DE L'ARMÉE DU POTOMAC

| Portrait de George Gordon Meade par Matthew Brady

Né à Cadix (Espagne) en 1815, George Gordon Meade est un général américain fidèle à l'Union lors de la guerre de Sécession. Diplômé de la prestigieuse école des officiers de West Point, ce fils du consul général des États-Unis en Espagne choisit de quitter l'armée en 1836 pour devenir ingénieur civil. En 1842, il décide de reprendre du service et combat dans les rangs de l'armée américaine contre les Indiens puis contre les Mexicains.

Au début de la guerre de Sécession, George Gordon Meade est promu brigadier général et participe à plusieurs combats au sein de l'armée du Potomac (principale armée unioniste). Blessé à Glendale, il se rétablit et prend part à de nouvelles batailles. Bien qu'il s'avère être un bon commandant, il doit suivre les ordres de l'indécis général Joseph Hooker (1814-1879) qui est responsable de la défaite inattendue à Chancellorsville.

La bataille de Chancellorsville (27 avril-6 mai 1863) est un important combat au cours duquel l'armée sudiste du général Robert Edward Lee a mis en déroute les troupes du général Joseph Hooker. Malgré un adversaire numériquement plus important (le rapport de force était de deux contre un en faveur des nordistes), le général Robert Edward Lee, en fin tacticien, a su parfaitement exploiter les faiblesses tactiques et les hésitations de ses adversaires. Cette défaite surprise a engendré la perte de confiance du président Abraham Lincoln envers Joseph Hooker, qui démissionnera de son poste dans le courant du mois de juin 1863.

En juin 1863, le président Abraham Lincoln accepte la démission de ce dernier et le remplace par George Gordon Meade qui obéit à contrecœur, ne se sentant pas capable de diriger une armée. Pourtant, c'est à lui que revient le commandement de l'armée nordiste lors de la bataille de Gettysburg, durant laquelle il parvient à exploiter intelligemment le terrain pour contrecarrer les violentes offensives ordonnées par le général Robert Edward Lee. Bien qu'il remporte finalement cette sanglante bataille, George Gordon Meade n'ose poursuivre l'armée sudiste en retraite, de peur de se voir encore infliger de nombreuses pertes. La guerre n'est d'ailleurs pas terminée et, de 1863 à 1865, il commande l'armée du Potomac et contribue aux offensives nordistes contre la Confédération. À la fin de la guerre, cet excellent officier poursuit sa carrière militaire en commandant différentes unités de l'armée américaine avant de s'éteindre en 1872 des suites d'une pneumonie.

ANALYSE DE LA BATAILLE

EXPORTER LA GUERRE AU NORD POUR OBTENIR LA PAIX

Depuis le début de la guerre, les sudistes peinent à obtenir des résultats décisifs face aux unionistes. Il est pourtant vital que la bataille ne s'enlise pas suite aux nombreuses pertes qui ont déjà réduit les rangs de l'armée. Par conséquent, en mai 1863, après la victoire sudiste à Chancellorsville, le général Robert Edward Lee se rend à Richmond pour convaincre le président Jefferson Davis de l'impératif de porter la guerre sur les territoires de l'Union. Selon lui, la Confédération pourrait en tirer plusieurs avantages :

- cela permettrait avant tout de soulager l'État de Virginie où se sont déroulés de nombreux combats ;
- l'armée du Potomac serait forcée de quitter les solides positions qu'elle occupe et devrait combattre dans des conditions qui lui seraient moins avantageuses ;

- les grandes villes du nord (Baltimore, Philadelphie, Washington, New York, etc.) seraient ainsi menacées ;
- remporter une importante victoire en territoire du nord permettrait sans doute de convaincre les cours européennes de reconnaître diplomatiquement la Confédération et de l'aider dans son combat ;
- une bataille décisive permettrait enfin d'entamer des négociations de paix en position de force.

Ces arguments convainquent Jefferson Davis et Robert Edward Lee reçoit l'ordre, le 3 juin, de mettre son plan à exécution. Partant de Fredericksburg, l'armée de Virginie du Nord, qui compte entre 75 000 et 80 000 hommes, se dirige vers le territoire nordiste de Pennsylvanie. Cette armée, remaniée après la victoire de Chancellorsville, est composée de trois corps d'armée et d'une puissante force de cavalerie. Alors que James Longstreet dirige le 1er corps et James Ewell Brown Stuart (1833-1864) la cavalerie, deux nouveaux commandants sont affectés aux 2e et 3e corps d'armée : Richard Stoddert Ewell (1817-1872) au 2e corps et

Ambrose Powell Hill (1825-1865) au 3e. Le plan de Robert Edward Lee est le suivant : cachés par la vallée de Shenandoah, les corps d'armée très espacés devront se diriger plein nord, franchir le fleuve Potomac pour entrer en Pennsylvanie et éventuellement tenter de prendre la capitale administrative de la région, Harrisburg.

BON À SAVOIR

L'armée sudiste qui pénètre en territoire ennemi ne possède que très peu de vivres. Elle n'emporte avec elle que des munitions et doit trouver de quoi subvenir à ses besoins sur place. Cependant, Robert Edward Lee a donné à ses hommes des ordres très stricts pour éviter tout pillage. Les historiens du nord reconnaîtront eux-mêmes la bonne tenue des troupes confédérées qui contraste avec les ravages ordonnés par les chefs nordistes en territoire sudiste. Par tempérament autant que par éducation, Robert Edward Lee se refuse à la guerre totale. En outre, il espère toujours secrètement une réconciliation et désire par conséquent mettre toutes les chances de son côté.

ERREUR ET STRATÉGIES

Ce n'est que le 8 juin que l'Union comprend que l'armée sudiste utilise la vallée comme axe de pénétration. Ignorant l'importance des forces ennemies, le commandant en chef de l'armée du Potomac, Joseph Hooker, souhaite directement attaquer ses arrières. Cependant, le président Abraham Lincoln le lui interdit parce qu'il ne veut pas laisser les grandes villes sans protection. La stratégie consiste donc à suivre l'ennemi à flanc et à l'attaquer quand l'occasion se présentera. Joseph Hooker, qui a perdu la confiance des chefs unionistes depuis sa défaite à Chancellorsville, remonte donc vers le nord, se contentant de faire écran entre les grandes villes de l'Union et ses adversaires.

Tandis que les deux armées remontent vers le nord des États-Unis en ce mois de juin 1863, chacune d'entre elles ignore où se situe exactement l'autre. Le général Joseph Hooker, pressé par le président qui veut anéantir l'armée confédérée, hésite et ne parvient pas à percer les intentions de Robert Edward Lee. La population de Pennsylvanie, qui voit l'ennemi approcher, commence également à paniquer. En effet, du 20 au 26 juin, les différents corps espacés de l'armée du commandant des Confédérés franchissent le Potomac. Bien que tout se déroule selon ce qui était prévu, le général sudiste James Ewell Brown Stuart commet une grave erreur le 25 juin : sans avoir reçu l'accord de Robert Edward Lee, il entreprend un raid avec toute sa cavalerie vers les grandes villes unionistes afin d'effrayer plus encore la population. Or, en se plaçant à l'est de l'armée unioniste, il se trouve coupé du commandant en chef qu'il sera incapable de renseigner au moment décisif.

Le 28 juin, Robert Edward Lee apprend d'un espion que l'armée de Joseph Hooker est remontée vers le nord. Lui qui espérait que l'armée du Potomac se trouverait plus au sud, constate qu'elle est en fait extrêmement proche. Par conséquent, il décide de rassembler ses corps d'armée près de Gettysburg puis de continuer vers le nord pour emmener les Unionistes sur un terrain propice où il pourra les battre. Le même jour, Joseph Hooker est remplacé par le général George Gordon Meade, au grand désarroi de ce dernier. Devant le refus du président de dépêcher des renforts supplémentaires, Joseph Hooker avait envoyé deux jours plus tôt sa lettre de démission à Abraham Lincoln qui, furieux, l'avait acceptée. George Gordon Meade prend alors la décision de faire avancer prudemment son armée qui compte environ 90 000 hommes vers le nord, pour empêcher l'armée confédérée de pénétrer plus loin en territoire unioniste. L'itinéraire de marche prévu passe par la petite ville de Gettysburg.

DU 30 JUIN AU 1ER JUILLET 1863 : RENCONTRE À GETTYSBURG

Les deux armées savent que le combat est proche, mais elles ignorent où et quand il aura lieu. Le 3e corps confédéré du général Ambrose Powell Hill, qui attend le reste de l'armée, est le plus proche de Gettysburg. Apprenant qu'il existe une fabrique de chaussures dans cette ville, il autorise la division du général Henry Heth (1825-1899) à s'y rendre puisqu'elles font défaut aux Confédérés. Mais les sudistes se font devancer par le brigadier général de la cavalerie unioniste John Buford, qui s'est installé dans la ville en position défensive. Les généraux Henry Heth et Ambrose Powell Hill, croyant qu'il s'agit de miliciens, décident d'attendre le lendemain pour investir la ville, sans en avertir le général Robert Edward Lee.

S'attendant à voir apparaître les forces confédérées, la petite division de cavalerie de John Buford s'installe en position défensive à l'ouest de Gettysburg, ayant compris l'importance de cette ville par où passent pas moins de douze routes. En outre, la ville, située entre plusieurs collines, offre un avantage certain aux défenseurs unionistes. Ayant averti George Gordon Meade de la présence de l'ennemi, John Buford espère recevoir rapidement leur aide, sans quoi les hauteurs de Gettysburg seront prises par le commandant des Confédérés et il sera très difficile de l'en déloger. Vers 8 heures, deux brigades du général Henry Heth apparaissent devant les cavaliers de John Buford. Ceux-ci, disposant d'un meilleur armement, parviennent à contenir les assaillants. Alors qu'ils commencent à prendre le dessus, le corps d'armée unioniste du général John Fulton Reynolds (1820-1863) arrive à la rescousse. Mais, peu de temps après avoir averti George Gordon Meade que l'ennemi sudiste progressait en force, celui-ci est abattu sur le champ de bataille. L'annonce d'affrontements à Gettysburg se répand rapidement dans les deux camps.

| *The Fall of Reynolds*, peinture d'Alfred Waud, 1863.

Ayant repoussé la menace provenant de l'ouest, les défenseurs unionistes doivent à présent se tourner vers le nord d'où arrivent de nouvelles troupes sudistes. Le général Robert Edward Lee, qui vient tout juste d'atteindre le champ de bataille, remarque que le secteur est plus favorable aux unionistes et décide de ne pas engager de combat général. Or, la situation est très changeante et déjà le front de l'Union s'effondre au nord de la ville. Les Confédérés ne cessent, durant l'après-midi, de recevoir des renforts arrivés de l'est et du nord, ce qui oblige les troupes unionistes à reculer peu à peu vers le sud où se trouvent les hauteurs de la ville. Au même moment arrive le général de l'Union Winfield Scott Hancock (1824-1886), chargé par George Gordon Meade de reprendre le commandement du défunt John Fulton Reynolds et de réorganiser les troupes. Robert Edward Lee, ignorant qu'il n'affronte qu'une partie de l'armée unioniste, n'engage pas totalement le combat tant que l'ensemble de ses forces ne sont pas réunies. Il laisse ainsi à l'appréciation du général confédéré Richard Stoddert Ewell d'attaquer ou non les défenseurs nordistes qui sont acculés au sud de la ville. Ayant déjà perdu environ 8 000 hommes depuis le matin, celui-ci décide de ne rien tenter et préfère récupérer ses forces lorsque la nuit tombe.

Il apparaît toutefois qu'en ce premier jour de combat, les Confédérés ont laissé passer une belle occasion d'anéantir une partie de l'armée du Potomac avant d'affronter le gros de celle-ci.

LE 2 JUILLET 1863 : ERREURS DES CONFÉDÉRÉS

Pendant la nuit, les nordistes profitent de la fin des combats pour creuser des retranchements afin de renforcer leurs positions sur les hauteurs de la ville. Au petit matin, l'ensemble des forces sudistes est presque au complet. Il ne manque plus que la division de George Edward Pickett, tandis que le camp adverse n'a pas encore reçu ses renforts. Le commandant des Confédérés, Robert Edward Lee, est bien décidé à combattre l'ennemi qui s'est fortifié sur les hauteurs au sud de Gettysburg, même si son subordonné, le général James Longstreet, désapprouve. Ce dernier pense en effet que les sudistes courent à la catastrophe et qu'il vaut mieux combattre à un endroit qui leur serait plus favorable. Convaincu que son choix est le bon, Robert Edward Lee prépare son plan d'attaque qui voit :

- le 1er corps de James Longstreet se positionner furtivement au sud-ouest de l'armée de l'Union pour la prendre de flanc et la repousser ;
- au même moment, une division du 3e corps et deux divisions du 2e corps mener une attaque

de diversion sur le centre et la droite du front unioniste, afin d'empêcher l'envoi de renforts vers le flanc gauche, lieu de l'attaque principale. Si l'occasion se présente, cette diversion pourrait devenir un véritable assaut.

Il incombe donc au général James Longstreet de lancer l'opération. Or, celui-ci ne montre aucun empressement à obéir aux ordres et n'agit qu'à partir de 16 heures. Entre-temps, la réunion de l'armée unioniste est achevée et le général George Gordon Meade a eu le temps de disposer l'ensemble de son armée qui forme un arc de cercle partant de l'est, passant par le nord puis par l'ouest et le sud-ouest. Lorsque James Longstreet lance enfin l'assaut, celui-ci n'attaque pas au sud-ouest pour envelopper les nordistes, mais à l'ouest, où se trouvent les collines des *Round Tops* et les rochers de l'antre du diable (*Devil's Den*). Sur un terrain extrêmement difficile pour les deux camps, se déroulent des combats au corps à corps qui comptent parmi les plus terribles de la guerre. Par ailleurs, les combattants sont contournés au sud par le 15e régiment confédéré de l'Alabama qui se dirige vers la colline de *Little Round Top*. Si elle est prise par les sudistes, ceux-ci pourront installer leur artillerie et prendre en enfilade le front unioniste sur toute sa longueur. Repérant le danger, les unionistes envoient le 20e régiment du Maine commandé par le colonel Joshua Lawrence Chamberlain (1828-1914). Celui-ci parvient avec ses 386 hommes, au cours de sanglants combats qui s'achèvent d'ailleurs par une charge à la baïonnette restée célèbre, à sauver le flanc gauche de l'armée unioniste, lui évitant ainsi la défaite.

Entre-temps, au centre du dispositif nordiste, les Confédérés du 3e corps parviennent à enfoncer les troupes de George Gordon Meade. Néanmoins, n'ayant reçu aucun ordre précis et disposant de peu de soutien, le général Ambrose Powell Hill n'ose pousser plus loin l'offensive et décide de partir en retraite. Enfin sur le flanc droit des forces unionistes, les deux divisions du 2e corps de Richard Stoddert Ewell, qui devaient attaquer en même temps que James Longstreet, s'élancent vers 17 heures, n'ayant pas entendu le coup de canon qui devait lancer l'attaque. Celles-ci se heurtent à des retranchements et à une puissante artillerie qui les écrase lorsqu'elles atteignent les pentes.

À la tombée de la nuit, les affrontements s'achèvent. L'offensive visant à renverser le front unioniste a échoué. Cela s'explique en partie par la mauvaise coordination des trois attaques confédérées, mais aussi par la promptitude des unionistes à envoyer des renforts là où le besoin s'en faisait gravement sentir. Pourtant, en cette nuit du 2 au 3 juillet, Robert Edward Lee décide de continuer à combattre tandis que le général James Longstreet souhaite à nouveau abandonner. Pour le premier, l'armée sudiste doit absolument détruire l'armée nordiste car le sort de la Confédération en dépend.

Dans le camp nordiste, les généraux tiennent un conseil de guerre, où il est décidé à l'unanimité et malgré les pertes considérables de rester en position et d'attendre à nouveau l'attaque de l'armée ennemie. Dès lors, George Gordon Meade profite de la nuit pour renforcer l'aile gauche de son dispositif ainsi que le centre, où il s'attend à rencontrer l'offensive principale de l'ennemi le lendemain.

LE 3 JUILLET 1863 : LA CHARGE DE GEORGE EDWARD PICKETT

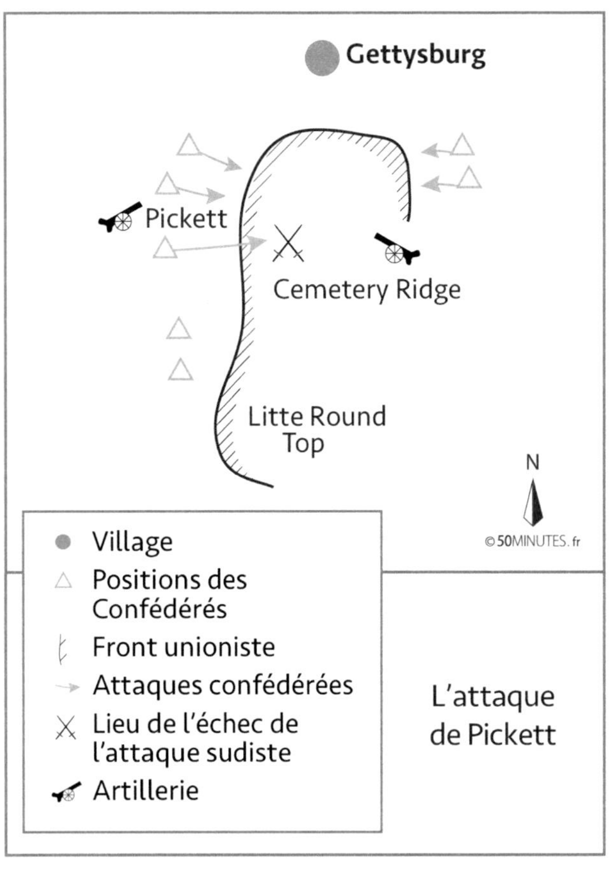

Le 3 juillet, dans le camp sudiste, la division de George Edward Pickett a enfin rejoint les rangs du 1er corps de James Longstreet. En outre, James Ewell Brown Stuart est finalement parvenu à retrouver l'armée confédérée, mais ses hommes sont véritablement épuisés.

Le plan de bataille du jour consiste à :

- ordonner à la quasi-totalité de l'artillerie de l'armée confédérée (130 à 150 canons) de bombarder massivement la ligne de défense unioniste pour l'affaiblir avant que l'attaque réelle ne débute ;
- lancer à nouveau le 2e corps de Richard Stoddert Ewell sur la droite du front unioniste afin d'inciter l'ennemi à maintenir des forces importantes aux ailes et à dégarnir le centre où aura lieu l'attaque principale ;
- charger James Longstreet de mener la division de George Edward Pickett ainsi que six brigades appartenant au corps d'Ambrose Powell Hill, dans un assaut frontal contre le centre du front nordiste.

| *Hancock at Gettysburg* par Thure de Thulstrup, 1887. Tableau illustrant la charge de Pickett.

Comme prévu, la bataille débute le matin sur la droite du front unioniste. Toutefois, cette aile a été renforcée pendant la nuit et l'engagement devient rapidement très intense. Le combat ne dure pas moins de 7 heures, au terme desquelles les Confédérés finiront par être repoussés. Entre-temps, les canons de l'armée sudiste ont été amenés en face du centre nordiste et entrent en action juste après 13 heures. Les unionistes, qui ont remarqué les préparatifs de l'attaque, ont également massé 80 canons pour riposter.

Ensuite, pendant près de deux heures s'engage le plus formidable duel d'artillerie que les États-Unis aient jamais connu. Bien que les tirs des canons sudistes soient parfaitement réglés, les artilleurs commettent cependant l'erreur de ne pas concentrer leurs tirs sur le saillant où l'assaut sera donné. À 15 heures, alors que les munitions confédérées sont épuisées, les 15 000 hommes conduits par George Edward Pickett s'élancent vers les hauteurs où se trouve le centre de l'armée du général George Gordon Meade. Attendant que ceux-ci soient à portée de tir, les artilleurs unionistes déchaînent leurs canons dont les obus fauchent les rangs sudistes. L'infanterie nordiste ouvre à son tour le feu. Les rangs de la division du général confédéré sont dévastés, mais arrivent pourtant à atteindre les hauteurs de Cemetery Ridge. Le général nordiste Winfield Scott Hancock réagit alors aussitôt et envoie, sur la poignée d'assaillants encore vivants, une violente contre-attaque. À 15 h 30, la moitié des hommes commandés par George Edward Pickett gît sur le champ de bataille tandis que l'autre moitié se replie vers le camp sudiste. La division vient de perdre les trois quarts de ses effectifs et une multitude d'officiers. Le général sudiste Robert Edward Lee, très affligé, reconnaît que la bataille est perdue et qu'il est temps de penser à la retraite.

Dans le camp nordiste, c'est le soulagement. George Gordon Meade sait que son adversaire est vaincu, mais n'en profite pas pour l'attaquer, ce que lui reprochera plus tard Abraham Lincoln. Il estime en effet que les pertes ont été trop nombreuses dans les deux camps et redoute surtout que Robert Edward Lee ne lui tende un piège s'il lance une nouvelle offensive. Dans la nuit du 4 au 5 juillet, la menace sur les grandes villes des États du nord est levée.

RÉPERCUSSIONS DE LA BATAILLE

La bataille de Gettysburg est sans aucun doute la plus sanglante de la guerre de Sécession puisque l'on ne dénombre pas moins de 20 000 pertes de chaque côté. Les répercussions pour la Confédération sont surtout morales et politiques. En effet, les sudistes qui viennent de fournir un effort considérable n'ont pu venir à bout de l'armée nordiste. L'espoir d'une victoire et de la négociation d'une paix favorable avec le nord s'évapore. Le prestige du commandant en chef n'est toutefois pas atteint par cette défaite. Les sudistes lui font entièrement confiance, mais savent qu'ils ne pourront plus, faute de ressources, entreprendre une nouvelle offensive en territoire unioniste. Désormais, l'initiative sera laissée à l'Union et les sudistes se contenteront d'une guerre défensive. Avec la défaite de Gettysburg, ceux-ci perdent également tout espoir d'obtenir de l'aide de la part des cours européennes. Ces dernières, observant que la guerre tourne mal pour la Confédération, ne la reconnaîtront pas et ne lui viendront jamais en aide.

Dans le camp nordiste, règne d'abord l'enthousiasme. Mais celui-ci est de courte durée. Apprenant que l'armée de Robert Edward Lee n'a pas été détruite, la joie disparaît aussitôt. Notons cependant que la victoire de Gettysburg combinée à celle du général Ulysses Simpson Grant (1822-1885) à Vicksburg le 4 juillet 1863 galvanisent les dirigeants de l'Union et les poussent à reprendre l'offensive. Ainsi, de la seconde moitié de 1863 jusqu'à la capitulation de la Confédération en 1865, l'Union n'aura de cesse de mener l'offensive contre un ennemi à qui il ne reste que l'option défensive.

Enfin, quatre mois après la bataille de Gettysburg, le 13 novembre 1863, le président Abraham Lincoln se rend sur le champ de bataille et y prononce un discours lors de l'inauguration du cimetière de Gettysburg où reposent les victimes des deux camps. Dans cette émouvante allocution restée célèbre, le 16e président des États-Unis rend un bref hommage aux victimes des deux camps et en appelle aux valeurs fonda-

trices de la nation américaine, à savoir l'égalité
et la liberté.

| Discours du président Abraham Lincoln

EN RÉSUMÉ

1861

12 avril : Début de la guerre de Sécession

1863

6 mai : Victoire sudiste à Chancellorsville

20-26 juin : Les Confédérés franchissent le Potomac

30 juin : Premiers affrontements à Gettysburg

2 juil. : Échec de l'offensive sudiste

3 juil. : Fin de la bataille de Gettysburg

13 nov. : Discours d'Abraham Lincoln à Gettysburg

1865

9 avril : Fin de la guerre de Sécession

- Dès les années 1850, la nation américaine connaît une profonde crise qui voit s'opposer de nombreux États au sujet de l'esclavage. Alors que les États du nord souhaitent l'abolir, les États du sud veulent le maintenir pour que perdure leur économie.
- Les tensions entre les deux camps atteignent leur paroxysme lors de l'élection d'Abraham Lincoln, le 4 mars 1861. Refusant d'être dirigés par un abolitionniste, les États du sud décident de faire sécession et élisent un président provisoire, Jefferson Davis.
- Dès lors, Abraham Lincoln, qui refuse la séparation, se montre prêt à utiliser la force pour ramener le sud dans l'Union et, le 12 avril 1861, la guerre de Sécession éclate.
- En juin 1863, le général Robert Edward Lee convainc Jefferson Davis de mener la guerre en territoire unioniste pour y décider du sort de la guerre.
- Le 8 juin, l'armée unioniste se lance à la poursuite de son adversaire et attend le moment propice pour l'attaquer.
- Le 28 juin, alors que l'affrontement approche, Joseph Hooker démissionne et est remplacé par George Gordon Meade.

- Deux jours plus tard a lieu la première rencontre entre les deux camps à Gettysburg.
- Le 1ᵉʳ juillet, les avant-gardes de chaque armée s'affrontent, mais les Confédérés n'osent pas lancer d'offensive d'envergure tant que le gros de leurs forces n'est pas réuni.
- Le 2 juillet, suite à une résistance héroïque de la part des troupes unionistes et par manque de coordination, les Confédérés ne parviennent pas à prendre le dessus sur leur adversaire.
- Le soir, tandis que le général Robert Edward Lee décide de mener l'assaut final le lendemain, l'état-major unioniste choisit de résister. Le 3 juillet, après un important combat d'artillerie, les unités confédérées attaquent le centre du dispositif adverse.
- Les unionistes parviennent à résister et remportent de sanglants combats.
- Conscient de l'importance des pertes subies et de sa défaite, Robert Edward Lee accepte la défaite et choisit de retraiter.

Votre avis nous intéresse !
Laissez un commentaire sur le site de votre
librairie en ligne et partagez vos coups de cœur sur
les réseaux sociaux !

POUR ALLER PLUS LOIN

SOURCES BIBLIOGRAPHIQUES

- BELPERRON (Pierre), La guerre de Sécession (1861-1865). Ses causes et ses suites, Paris, Plon, 1947.

- BOWMAN (John Steward), « Lee, Robert Edward », in Who Was Who in the Civil War, New York/Avenel, Crescent Books, 1994.

- BOWMAN (John Steward), « Meade, George Gordon », in Who Was Who in the Civil War, New York/Avenel, Crescent Books, 1994.

- BOWMAN (John Steward), « Pickett, George Edward », in Who Was Who in the Civil War, New York/Avenel, Crescent Books, 1994.

- CATTON (Bruce), *La guerre de Sécession*, Paris, Édition Payot & Rivages, 2002.

- DUNCAN (Andrew Campbell), « La guerre de Sécession », in Revue d'histoire du XIXe siècle, n°35, 2007.

- KEEGAN (John), La guerre de Sécession, Paris, Perrin, 2011.

- KENNETT (Lee), Gettysburg. 1863. Le tournant de la guerre de Sécession, Paris, Économica, 1997.

- PORTES (Jacques), Histoire des États-Unis. De 1776 à nos jours, Paris, Armand Colin, 2010.

- VENNER (Dominique), Gettysburg, Monaco, Éditions du Rocher, 1995.

- VALLAUD (Dominique), « Gettysburg », in Dictionnaire historique, Paris, Fayard, 1995.

- VALLAUD (Dominique), « Lee, Robert Edward », in Dictionnaire historique, Paris, Fayard, 1995.

SOURCES COMPLÉMENTAIRES

- AMEUR (Farid), *La guerre de Sécession*, Paris, Presses universitaires de France, 2013.

- BARKER (Alan), *La guerre de Sécession*, Paris, Seghers, 1964.

- ILLIEZ (Pierre), *L'autorité discrète de Robert Lee ou les victoires manquées de la guerre de Sécession*, Paris, Perrin, 1980.

- REARDON (Carol), *Pickett's Charge in History and Memory, Chapel Hill*, University of North Carolina Press, 1997.

- SAUERS (Richard), *Gettysburg : the Meade – Sickles controversy*, Washington DC, Brassey's, 2003.

- SALMON (John), *Historic Photos of Gettysburg*, Nashville, Turner Publishing Company, 2007.

- SYMONDS (Craig), *American Heritage. History of the Battle of Gettysburg*, New York, Harper Collins, 2001.

SOURCES ICONOGRAPHIQUES

- Portrait de Robert Edward Lee by Julian Vannerson. © *The Library of Congress Prints & Photographs*.

- Portrait de George Edward Pickett. Domaine public.

- Portrait de George Gordon Meade par Matthew Brady. © *The Library of Congress Prints & Photographs*.

- *The Fall of Reynolds* par Alfred Waud, 1863. Domaine public.

- *Hancock at Gettysburg* par Thure de Thulstrup, 1887. Domaine public.

- Discours du président Abraham Lincoln. © *The Library of Congress Prints & Photographs*.

ŒUVRES ARTISTIQUES

- *Battle of Gettysburg*, tableau de Thure de Thulstrup (illustrateur américain, 1848-1930).

- *The Killer Angels*, roman historique de Michael Shaara, 1974.

- *Gettysburg*, film de Ronald Maxwell avec Tom Berenger, Martin Sheen et Jeff Daniels, États-Unis, 1993.

- *La Jeunesse de Blueberry. Gettysburg*, bande dessinée de François Corteggiani et Michel Blanc-Dumont, Dargaud, 2012.

MUSÉE ET BÂTIMENT COMMÉMORATIF

- Le Gettysburg national military Park, en Pennsylvanie (États-Unis).